गीत तुम्हारे लिए

(काव्य संग्रह)

मधुर कांत चतुर्वेदी

Delhi-110089, India

प्रथम संस्करण : 2021
ISBN : 978-93-90889-80-8

मूल्य : 250/-

आवरण : ज्योति

गीत तुम्हारे लिए (काव्य संग्रह)
-मधुर कांत चतुर्वेदी

Geet Tumhare Liye (Kavya Sangrah)
-Madhur kant Chaturvedi

Published by

PRAKHAR GOONJ PUBLICATION

H-3/2, Sector-18, Rohini, Delhi-110089
Email : prakhargoonj@gmail.com
          sinha.neelu123@gmail.com
Ph. : 011-27851059, 7982710571, 7838505899
web : prakhargoonjpublications.com

आभार

पहला कविता 'संग्रह गीत तुम्हारे लिए' लिए प्रस्तुत करने में मुझे अनेक लोगों का मार्गदर्शन मिला जिनकी वजह से मैं यह काव्य संग्रह प्रस्तुत कर पाया। मैं सबको धन्यवाद देना चाहूँगा। सबसे पहले मैं अपने माता-पिता को नमन करता हूँ जिन्होंने मुझे जीवन जीने का तरीका सिखाया। मैं अपने गुरु जी श्री गिरीशानन्द जी का भी आभार व्यक्त करना चाहूंगा जो समय समय पर मुझे मार्गदर्शन देते रहें। उनका आशीर्वाद सदा ही मेरे साथ रहता है। बचपन में ही साहित्यिक परिवेश का मुझ पर असर हुआ। कविता के क्षेत्र में मेरे गुरु श्री प्रकाश मिश्रा (पक्कु साहब) रहे जो मुझे ग्वालियर में, साहित्यिक गोष्टियों में ले जाते थे वहाँ नए नए कवियों से मुलाकात होती थी। कविता प्रस्तुतिकरण का तरीका मैंने उन्हीं से सीखा। मंच पर कविता पाठ का अवसर भी उन्हीं से मिला। मेरे चाचा जी श्री राम कुमार चतुर्वेदी चंचल से भी मुझे काफी मार्गदर्शन मिला। मेरी बहिन उषा चतुर्वेदी जो स्वयं कविता लिखती हैं उनसे भी बहुत दिशा निर्देश मिले। सबका मेरे ऊपर काफी स्नेह रहा, मैं बड़े आदर के साथ इसे स्वीकार करता हूँ। जिनका नाम उल्लेख नहीं कर पाया उनका भी आभार।

सादर समर्पित

पिता श्रीकृष्ण कुमार चतुर्वेदी और,
माँ श्रीमती विमला चतुर्वेदी
को जिन्होंने मुझे मेरे जीवन के सबसे कठिन समय
में अपने लक्ष्य के प्रति बढ़ने की प्रेरणा दी और
और मेरे संघर्ष के समय में मेरे साथ साया बन
कर खड़े रहे।

मधुर चतुर्वेदी- एक प्रतिभाशाली हस्ताक्षर

कवि श्री मधुर कांत चतुर्वेदी को साहित्यिक अभिरुचि अपने परिवार और परिवेश से मिली है। राष्ट्रीय काव्य धारा के अखिल भारतीय ख्याति के कवि स्मृति शेष, राम कुमार चतुर्वेदी चंचल, देव पुरस्कार विजेता महाकवि आनंद मिश्र और लोकप्रिय कवि श्री प्रकाश मिश्रा के साथ उनके गहरे आत्मीय और पारिवारिक सम्बन्ध रहे हैं अतः कविताओं के प्रति उनके भीतर एक सहज स्वाभाविक लगाव होना ही था। मधुर अत्यंत परिश्रमी युवा हस्ताक्षर के रूप में अपने शुभ चिंतकों के बीच सदैव चर्चित रहे हैं।

अत्यंत प्रसन्नता का विषय है कि अनुजवत मधुर का प्रथम काव्य संकलन, प्रकाशन पथ पर अग्रसर है। मेरे साथ अनेक अखिल भारतीय मंचों पर उन्होंने काव्यपाठ किया है, जहाँ उन्हें सहस्त्रों श्रोताओं की तालियां मिली हैं।

मुझे विश्वास है कि मधुर जी की इस नवीनतम कृति का हिंदी जगत में भरपूर स्वागत होगा।

मंगल कामनाओं सहित,
प्रकाश मिश्र

मेरी कलम से

यूँ तो मुझे कविता का वातावरण बचपन से ही घर में मिला। मेरे पिता श्रीकृष्ण कुमार चतुर्वेदी ब्रज भाषा में लोक गीत लिखते थे, स्वयं भी बहुत अच्छे होली गीत गाते थे। उनसे सीखने का घर पर ही अच्छा माहौल मिला। मेरे चाचा जी श्री रामकुमार चतुर्वेदी चंचल, देश के एक बहुत ही प्रतिष्ठित कवि रहे। श्री प्रकाश मिश्रा, श्री आनंद मिश्रा, बाल्यकाल से ही इन सभी विभूतियों की रचना पढ़ने एवं सुनने का सौभाग्य प्राप्त हुआ। बहुत सारे कवि सम्मेलन सुनने का भी मौका मिला। श्री गोपाल दास नीरज, सोम ठाकुर, काका हाथरसी, वीरेंद्र मिश्र, रमानाथ अवस्थी आदि कवियों को मन्च से सुनने का अवसर प्राप्त हुआ। पहली एक छोटी सी रोमान्टिक कविता लिखी जब कक्षा आठ में पड़ता था, वह कविता इस संग्रह में शामिल है। पहला कविता संग्रह प्रस्तुत करना अपने आप में एक अनोखा अनुभव है क्योंकि इन कविताओं में हम स्वयं को निहित पाते हैं। स्वयं के विचारों को व्यक्त करने का यह एक सशक्त माध्यम है। मैंने कविताओं में बहुत से विषयों का समावेश करने का प्रयास किया है। कुछ कविताओं में जीवन की सार्थकता, क्षण भंगुर जीवन, जीवन संघर्ष, मज़दूर का दर्द, हिमालय का दर्द, बंजारा एवम् जोकर का जीवन शामिल हैं। कहा जाता है कि प्रेम के बिना जीवन सूना है, मेरी कुछ कविताऐं प्रेम रस में सरावोर हैं। मेरी अधिकांश कविताऐं एक सन्देश देती हैं एवम् कठिनाईयों में भी खुशियां तलाशती हैं। जीवन की सच्चाई को आंखों देखी खबर की तरह प्रस्तुत करने का प्रयास किया गया है। भावनाओं को कविता के रूप में इंगित करने का प्रयास किया गया।

मुझे अनेकों कवि सम्मेलनों में शिरकत करने का अवसर मिला जैसे शिवपुरी मेला, सोनागिरि मेला, डबरा सांस्कृतिक संस्थान, ब्रह्मकुमारी का ग्वालियर मेले में कवि सम्मेलन एवम् महारानी लक्ष्मीबाई कॉलेज ग्वालियर का शताब्दी कार्यक्रम आदि। स्टेट बैंक की कलीग पत्रिका एवम् अन्य पत्रिकाओं में भी कुछ रचनाओं का प्रकाशन हुआ लोगों का प्यार मिलता रहा, एक बार ये यात्रा शुरू हो गयी तो लगातार चलती रही, हाँ कुछ व्यवधान बीच बीच में आते गये। भारतीय स्टेट बैंक में सहायक महाप्रबंधक रहा, अक्सर लोगों के कमेंट्स सुनने को मिलते थे,

'बैंक वाले कब से कविता लिखने लगे' बार बार ट्रान्सफर होते थे अतः कविता लिखने का समय बहुत ही कम मिलता था।

कभी सोचा भी ना था कि मेरी रचनाएँ पुस्तक का रूप ले लेंगी। मेरी कोशिश, कविता के माध्यम से विभिन्न विषयों को उठाने की रही है। यही मुझे कुछ नया लिखने की प्रेरणा देती है। मेरा प्रयास रहा है कि सामाजिक विषमताऐं कम हों, इसी ने मुझे 'मज़दूर का दर्द' एवम् 'जोकर' जैसी कविता लिखने की प्रेरणा दी। कुछ रचनाओं को मंच से पढ़ने का भी अवसर प्राप्त हुआ। मैंने अपनी कविताऐं बहुत ही सादा बोलने, लिखने की हिंदी भाषा में लिखी हैं।

मेरी कविताओं का मूल्यांकन तो पाठकों के हाथ में है। मैंने कुछ लिखने का प्रयास किया है जो शायद आपको ठीक लगे। ये पुस्तक 'गीत तुम्हारे लिए' आपकी सेवा में प्रस्तुत है।

मधुर कांत चतुर्वेदी

अनुक्रमणिका

संघर्ष

चल अकेला पथिक पथ पर, होंसला रखकर डगर में,
लांघकर ये विघ्न सारे, हो विजय जीवन समर में।

मृत्यु से डरना नहीं, जाग तू आठों प्रहर,
हो अमर इतिहास में, करके पूरा ये सफर।

नाप तू हिमशिखर को, काट सागर की लहर,
काम ऐसे कर जगत में, नाम तेरा हो अमर।

आँधियों का सामना कर, गांव गांव और हर नगर,
तोड़ दे बंधन ये भ्रम के, छोड़ ना संघर्ष डगर।

देह की तू फिक्र ना कर, जाएगी इक दिन बिखर,
हो अमिट यदि लक्ष्य तेरा, पायेगा जीवन लहर।

काफिले

काफिले बनते गये, तुम ना इक राही बने,
थे बहुत से साथ, बस तुम ना हमराही बने।

गीत मेरे जो सजा दे, प्यार के सुरताल से,
अश्रु मेरे पोंछ डाले, नेह के रूमाल से,
जो अँधेरे जंगलों में दीप सा साथी बने।
काफिले।।

भीड़ वाली सभ्यता का, एक मेला है यहाँ,
किन्तु इतने शोर में भी, मन अकेला है यहाँ,
दर्द बन जाये गजल तो, अश्रु की स्याही बने।
काफिले।।

तुम स्वंयम इक गीत बनकर, गुनगुनाते ही रहो,
वक्त की इन आंधियों में, मुस्कुराते ही रहो,
लेखनी का मन सदा ही, सत्य का हामी बने।
काफिले।।

गीत तुम्हारे लिए

चांदनी रात में चाँद को देखकर
गीत प्यार के होंठों पे आने लगे
चल रही थी हवा, था खूबसूरत समां
बात दिल की यूँ ही हम सुनाने लगे
चांदनी रात में।

रात आहिस्ता आहिस्ता ढलने लगी
ओर उम्मीदें सभी हाथ मलने लगीं
दूर थे तुम बहुत दूर थे मुझसे
सुधियों में बहुत पास आने लगे
चांदनी रात में।

ये जहाँ मिल गया, तुम जो मुझसे मिले
स्वप्न अरमान कितने सजाने लगे
झील जैसे गहन दो समुज्जल नयन
फिर रिझाने लगे फिर लुभाने लगे
चांदनी रात में।

प्यार की भावना की परख है जिन्हें
जख्म खाएं हैं उन्हें सहलाने लगे
जानकर भी नतीजा सिफर है यहाँ
ज़िन्दगी दांव पर हम लगाने लगे
चांदनी रात में।

आशियाँ

तेजतर धूप है, सायवा चाहिए
हर मुसाफिर को इक आशियाँ चाहिये

लोग फुटपाथ पर आज सोये हैं क्यूँ
एक छत चाहिये, एक मकाँ चाहिये।

इन खिजाओं में तन्हा न चल पाओगे
ज़िंदगी के लिए कारवाँ चाहिये।

आपसे अर्ज है इस ग़ज़ल के लिए
बिजलियाँ चाहिए कहकशाँ चाहिये।

शेर गज़लों के कहने से क्या फायदा
बस मधुर के लिए इक अदा चाहिए।

पावस के घन

उमड़ रहे अम्बर में पावस के घन
बिन तुम है सूना ये सारा जीवन।।

कोयल की कूक और मोर की पुकार
जंगल को सींच रही रेशमी फुहार
मेघ ओर बिजली की लुका छिपी देख
रह रह के याद मुझे आता बचपन
उमड़ रहे।।

पहुँच गयी अम्बर तक चातक की टेर
धरती हरियाने में थोड़ी ही देर
नदिया भर जायगी आने पर बाढ़
प्यार में नहायेगा कब मेरा मन
उमड़ रहे।।

हिमालय का दर्द

मैं हिमालय हूँ, मुझे तपोभूमि कहते हैं
सभी पवित्र नदियाँ और झरने, मुझमें से ही बहते हैं

मैं सिर्फ पहाड़ नहीं, भारत की आत्मा हूँ
देव यहाँ बसते हैं, भक्तों की साधना हूँ

पहले मैं खुश था, दूर से चमकता था
सूरज की किरणों में, हीरे सा दमकता था

मेरे ही आँचल में पसरे, अमरनाथ, केदारनाथ
गंगोत्री, यमनोत्री, और बद्रीनाथ

मेरे ही आँचल से निकली, गंगा जमुनी संस्कृति
पर अब ये क्यों आयी है, एक नयी विकृति

मैं पहले चमकता था, मुस्कुराता था
अब मानव का निश्ठुर व्यवहार बहुत रुलाता है

मेरी उच्च चोटियाँ निराश हैं, बर्फ सारी गल रही है
वनस्पतियाँ नष्ट हो रही हैं, कमी ये खल रही है

पर्यावरण के विनाश से, अब में पिघल रहा हूँ
कुछ तो करो मुझे बचाओ, नए जीवन की योजना बनाओ

मुझे सुन्दर रखना है तो, पेड़ मेरे मत काटो
गंदगी ना फेंको, मुझे टुकड़ो में न बांटो

हर धरोहर सँवारने का, होता है एक कायदा
बदसूरत बनाने में मुझे, नहीं किसी का फायदा

रहूँगा में यहाँ तो, आप सब भी रहेंगे
नित्य स्वच्छ नदियां, और जलप्रपात बहेंगे

सम्हल जाएँ अब भी, नहीं तो रह जाऊंगा कहानी में
ढूँढते रह जाओगे, 'मुझे' बर्फ और पानी में।

बंजारा

अपनी ही धुन में रहता हूँ
मैं हूँ सबसे न्यारा
सुबह श्याम की फिक्र कहाँ
मैं तो हूँ इक बंजारा।

नहीं दोस्ती है किसी से
नहीं किसी से बैर
गए जहां मन हुआ हमारा
नापें पथ को नंगे पैर
खुद को सम्बल मानूं अपना
इस जगत में सारा
मैं हूँ ---

फांके भी लगते रहते हैं
होती नहीं शिकायत
काम करूँ सब अपने मन का
मानूँ नहीं रवायत
जीवन को ढाला हे ऐसे
सुख दुःख बने किनारा
मैं तो हूँ ---

रखी बहुत आशाएँ जिनसे
उन सबने ही लूटा
याद नहीं अब तो इतना भी
ये मन कितनी बार है टूटा
समझ लिया अब जीवन दर्शन
खुद का बना सहारा
मैं तो हूँ ---

खो जाता सुख चैन उन्हीं का
जिन पर सब कुछ होता है

देता नहीं साथ जब कोई
मन उनका क्यूँ रोता है
था प्रारब्ध शून्य ही मेरा
और बना मैं आवारा
मैं तो हूँ ---

फक्कड़ बना स्वभाव अब मेरा
चिंताओं से कहीं परे
हों विग्न बाधाएँ कितनी भी
मन उनसे ना कभी डरे
हित अनहित की सोचूं न मैं अब
बना है जीवन इक तारा
मैं तो हूँ ---

रुके नहीं हम सब बंजारे
चलते रहे ये पाँव
बढ़ते रहे सदा जीवन में
ज्यों पानी में नाव
चलते रहे रात भर यूँ ही
रुके देख भोर का तारा
मैं तो हूँ ---

यदि जीना है शांत जीवन तो
फिर बंजारा बन जाएँ
मिल जाये जो रूखी सूखी
उसमे खुश हो जाएँ
भोगी बनकर ना पाएँगे कुछ
हम योगी बन जाएँ
दिशा ज्ञान देने को सबको
होना है ध्रुव तारा
मैं तो हूँ ---

एक पत्ते की जीवन यात्रा

पतछड़ का मौसम है, पत्ते गिर रहे हैं
जमीन पर गिरे हुए पत्तों के ढेर लगे हैं
जैसे सन्देश दे रहे हों, जीवन बस
इतना ही था पेड़ पर।

हम पत्तों में भी जान थी, हमारी भी कुछ दास्तान थी
हम भी नन्हीं कोपलों से बने थे, टहनियों पर लगे थे
आपस में मिलते थे, हवा के साथ हिलते थे
खुशियों का बसेरा था, जीवन में बस सवेरा था।

बरसात का तो आलम ही अजब था
हम सबका उत्साह भी गजब था
बिलकुल साफ सुथरे हो जाते थे
एकदम हरे हो जाते थे।

जब भी कोई पत्ता टूटा
ऐसा लगा कोई अपना हमसे छूटा
आज हम टूट कर नीचे पड़े हैं
जीवन शायद इतना ही था डाल पर।

हैं हम बहुत खुश, टूटने से पहले
बहुत प्यार बरसाया
हमारे ऊपर भी था सुन्दर पक्षियों का साया
सुन्दर सुन्दर चिड़ियाँ हमारे ऊपर बैठती थीं।

खेलती थीं लुका छिपी
ठंडी हवाओं के संगीत से
हमने ही सबका मन बहलाया
शाखा से टूटने का अब नहीं कोई मलाल।

साथ साथ चलते हैं जीवन और काल
एक अच्छी ज़िंदगी जी दूसरों की
खुशियों के लिए
हम तो बहुत खुश हैं, मन में बहुत सुख है।

हमारी जगह अनेकों नये नये
पत्ते निकल रहें हैं और सन्देश दे रहें हैं
आपकी विरासत को हम संभालेंगे
हम भी कहते हैं ये अब।

ये हमें भुलाने का वक़्त है
बहुत ही क्षणिक है ये ताज और तख़्त
हमारे बाद और भी बहुत पत्ते आएंगे
जीवन का सुमधुर गीत गुनगुनायेंगे।

बादल की महिमा

बादल तुम फिर घिर आये
काली घटायें साथ में लाये।

बादल तुम जब भी आये
हरियाली धरती पर लाये
खेतों में रौनक है भारी
बोहनी की तैयारी सारी
चहक उठा मन किसान का
गीत खुशी के गाये
बादल ---

तुम सुख दाता जीवन दाता
नदियों के तुम भाग्य विधाता
फसलों की तुम ही हो जान
धरती पर हो इक वरदान
बंजर धरती की प्यास बुझाने
अमृत को बरसायें
बादल ---

पिछले वर्ष नहीं तुम आये
क्यूँ की ये निठुराई
गांव गांव में मातम था
थीं नजरें पथराई
सूखे खेतों में पक्षी भी
मातम रोज मनायें
बादल ---

बनकर मेघदूत तुमने ही
सन्देश प्यार के भेजे

पुलकित बहुत हुई शकुंतला
वो प्रेम पत्र सहेजे
ये सब उपकार तुम्हारे
मिलने की आस जगाएं
बादल ---

काली घटा देख मोर भी
आनंद से भर जाते हैं
कोयल और पपीहा भी तो
मीठे सुर में गाते हैं
रिमझिम ये बरसात तुम्हारी
जीने की चाह बढ़ाए
बादल ---

करते विरहणियों का तन घायल
अपनी शीतल बूंदों से
और वियोग बढ़ाते उनका
पिया मिलन उम्मीदों से
ठंडी ठंडी बूँदें देखो फिर
तन मन में आग लगाएं
बादल ---

गुरु वन्दना

रहते लीन जो सदा ब्रह्मानन्द में, गुरु जिनके श्री अखंडानंद हैं
है मन्द मन्द मुस्कान जिनकी, ऐसे हमारे गुरु जी श्री गिरीशानन्द हैं।

ज्ञान की गगरी हैं, आनन्द के सागर हैं
जीवन को नयी दिशा देने, साक्षात नटवर नागर हैं।

ज्ञान का दीपक जलाते हैं, राहें सरल बनाते हैं
गुरु जी की छत्र छाया में ही, हम जीवन सफल बनाते हैं।

हम तो नादान मिट्टी थे, आपने बना दिया घड़ा
दिखाकर रास्ता हमको, कर दिया पैरों पर खड़ा।

अँधेरे जीवन में प्रकाश लाते हैं, पाठ सच्चाई का पढ़ाते हैं
जीवन को नयी दिशा दे, संशय सारे मिटाते हैं।

हैं आप ईश्वर रूप, करुणा की खान हैं
आपके आशीर्वाद से ही मिलती, शांति और सम्मान है।

जीना संसार में जो सिखाये, ब्रह्म का आभास कराये
हैं गुरु जी के इतने अहसान, कैसे इस ऋण को चुकाएँ।

मेरी परछाई

काली रातों ने जब भी घेरा
और सदमों ने डाला डेरा
छोड़ दिया जब हाथ सभी ने
साथ रहीं बनकर परछाई।

जब भी हुआ अकेला मन से
शून्यता जीवन में आयी
बनकर पथिक बहुत भटका मैं
साथ दिया न कोई दिखाई
संबल मिला तुम्हीं से मुझको
सीख नयी सिखलाई
साथ रहीं बनकर परछाई।

कल दोपहर की तेज धूप में
तुम मेरे पास थी आयीं
पूछा कुछ मेरे बारे में
फिर तुम कुछ शरमाई
कहा साथ दूँगी जीवन भर
और आंखें बरसाईं।
साथ रहीं बनकर परछाई।

सुख दुःख तो आते रहते हैं
जीवन के झंझावातों में
है कौन हमारा कौन पराया
पड़ा नहीं इन बातों में
देखो तुमने ही उम्मीदों की
है नयी किरण जगाई
साथ रहीं बनकर परछाई।

बिन अपेक्षाओं के ही क्यूँ
तुम मेरे साथ यूँ रहती
ना छोड़ा ये साथ कभी भी
सुख दुःख सब संग सहती
तुमने रिश्तों की जीवन में
है नव ज्योति जलाई
साथ रही ---

परिश्रम की महत्ता

नहीं भाग्य होता कुछ भी, ये तो सब मन का भ्रम है
हुआ धरा पर सफल वही, जिसने यहाँ किया श्रम है

संघर्ष शून्य जीवन की सोचो, करता नहीं जतन है
मिलती नहीं सफलता उसको, होता घोर पतन है

संघर्ष है स्वभाव मानव का, कुछ तो करते रहना है
है गति का अभाव जीवन में, फिर निश्चित ही मरना है

करते हैं प्रयत्न जो पूरे, जीत उन्हीं की होती है
दोष भाग्य को दें आलसी, किस्मत उनकी सोती है

हैं जो योग्य, प्रयत्न शिथिल हैं, वो पीछे रह जाते हैं
बालू के टीले की भाँति, खुद ही वो ढह जाते हैं

कार्य सफल होते हैं, जिनके यत्नों में कमी नहीं
होते हैं जो भाग्य भरोसे, बैठे रहते सदा वही

पुरुषार्थ से ही पाई थी, मंजिल एडमंड हिलेरी ने
किया श्रमदान रामसेतु हेतु, छोटी सी एक गिलहरी ने

बाधाएँ आती हैं जीवन में, हमको पाठ पढ़ाने को
रहें आपदाओं में अडिग हम, ये विश्वास जगाने को

पुरुषार्थी के जीवन को ही मिलता है सम्मान
जीवित रहते हुये आलसी, हैं सब मरे समान

इतिहास साक्षी है भारत का, हम जब भी बने प्रमादी
आक्रन्ताओं ने फूट डालकर, करदी ताकत आधी

रहते सदा अन्धकार में, जिनको औरों की आस
मंजिल मिलती है उनको ही, खुद पर हो विश्वास

चींटी के उद्यम से सीखें, कभी ना माने हार
दाना लेकर चढ़ती ऊपर, गिरती अनेकों वार

भागोगे यदि असफलताओं से, मंजिल नहीं मिलेगी
कायर ही कहलाओगे तुम, बगिया नहीं खिलेगी।

प्रेयसी से मिलन

निहारें तस्वीर को कब तक, कुछ बात हो जाये
कुछ तो करो ऐसा, मुलाकात हो जाये

दिवाना कर ही दिया है, आपने अब अपना
डालकर बाहें गले में, ये हाथ दबाया जाये

छोड़ ही दिया है पीना, आपसे मिलने के बाद
पियूँ इन नशीली आँखों से, कुछ पल का साथ हो जाये

प्यास बढ़ाकर मेरी, न हो जाना कहीं गुम
तशरीफ लायें, खत्म न ये जज़बात हो जायें

आ ही जाना छत पर, सितारे जब जगमगाएँ
करूँ ये मन्नत रब से, जल्दी रात हो जाये

लोग जल रहे हैं, दुनियाँ बड़ी ही जालिम है
हो जाओ हमारी जल्दी, रिश्तों पर ना घात हो जाये।

आपकी यादें

मन नहीं लगता, मिलन की वेदना सताए
हुआ अकेला जब भी, आप बहुत याद आये

आपसे प्यार है, आपका इंतजार है
थाम लो फिर हाथ ऐसे, दर्द सारा भूल जायें

कभी तो सपनों से, बाहर आया करो
मधुर सुर में गीत, नया गुनगुनाया जाये

ना कोई हमारे रिश्ते के, बीच आ पाये
इस रिश्ते को और, मजबूत बनाया जाये

हो तो गए हो बहुत ही, दूर तुम मुझ से
मुलाकातों का नया, सिलसिला चलाया जाये

माना कि दुनियाँ है, प्यार की दुश्मन
करें कुछ ऐसा, दुनियाँ को झुकाया जाये

मिले थे प्यार में, पहली बार जहाँ
उस नदिया में, दोबारा नहाया जाये

हो जाएँ उम्र भर के लिए, एक दूजे के
फिर नया कोई सपना, जगाया जाये।

ज़िंदगी का मकसद

ज़िंदगी गुजर गयी, ज्यों सर्दियों की धूप
न रहा वो होंसला, न रहा वो रूप

ना था कोई मकसद, ज़िंदगी यूँ ही जीते रहे
कर सके न कुछ नया, फटी चादर सीते रहे

भुलाने के लिए गम, रात भर पीते रहे
भर ना सके घाव, बस यूँ ही रीते रहे

गर्दिशों के आलम में, खुशियों को तकते रहे
मिल न सका कुछ नया, बस रात भर जगते रहे

कह रहा अब मन ये मेरा, ऐ मुसाफिर जाग
ज़िंदगी है अनमोल, तू ना इससे भाग

हर रात का होता सवेरा, जिसमें खुशियों का बसेरा
जान सके तो जान, है यही ज़िंदगी का ज्ञान

मज़दूर की ज़िंदगी

मैं एक मज़दूर हूँ, दुनियाँ की आँखों से दूर हूँ

पैदा हुआ गरीबी में, किस्मत से लड़ रहा हूँ
मज़दूरी कर रहा हूँ, और आगे बढ़ रहा हूँ

ना मैं हिन्दू ना मुसलमान, बस काम ही काम
श्रम ही मेरा कर्म है, मज़दूरी मेरा धर्म है

बनाते हैं आलीशान इमारतें, आकाश तले सोते हैं
काम करते हैं कपड़ा मिलों में, तन पर कपड़े नहीं होते

हथोड़े की चोटें ही, हमारा संगीत है
हर दिन नया काम, एक नया गीत है

ये छोटी सी झोपड़ी ही, हमारी बस्ती है
इसी में हैं सब खुश, यही हमारी हस्ती है

नहीं मौसम का कोई असर, गर्मी हो या सर्दी
बन गए कोहलू का बैल, नहीं किसी को हमदर्दी

पता न चला बचपन का, कब गुजर गयी जवानी
याद रही दो जून की रोटी, हर रोज जो कमानी

चाहते अब हम भी यही, मज़दूर का भी मान हो
देश बढ़ता वही आगे, जहाँ श्रम का सम्मान हो

मज़दूर है भारत माता का, सच्चा एक सपूत
बाधाओं ने बना दिया, इसे बहुत मजबूत

बचपन की यादें

याद है पिताजी को वो
सरकारी स्कूल में एडमीशन कराना
मेरा मचलना और बहुत रोना
वो टाट पट्टी पर बैठना
स्लेट पर बत्ती से लिखना
लड़ना बैठने के लिये, दोस्तों के साथ
मानों कल की ही बात।

वो गिल्ली डंडे से खेलना, पेड़ों पर चढ़ना
बगीचे से अमरूद चुराना
माली से गाली खाना
फिर मेरे गालों पर पड़ना
पिताजी का ढाई किलो का हाथ
मानों कल की ही बात।

वो बाल दिवस पर कविता पाठ
तुलसी जयंती पर दोहे सुनाना
छत पर पतंग उड़ाना,
तोते को राम राम रटाना
त्योहारों पर माँ का, काम में हाथ बंटाना
होली पर गुजिया और पपड़ी बनवाना
घर में सबके साथ
मानों कल की है बात।

स्कूल ना जाने के बहाने बनाना
पिताजी की डाँट से माँ का बचाना
टीचर का क्लास में मजाक बनाना
दोस्तों के साथ हुड़दंग, आपस की जंग
बातें भी हो जाती थी बंद

पर अगले ही दिन सब कुछ भूल जाना
स्कूल आते ही सबसे हाथ मिलाना
खाते थे एक ही थाली में
ना जात थी ना पांत
मानों कल की ही बात।

वो भाई बहिनों के साथ झगड़ा व रूठ जाना
अगले ही पल सब भूल जाना
मेरे जीवन का सुन्दर हिस्सा था
छोटा था मैं घर में सबसे
मेरा ही चलता सिक्का था
सच में बचपन था ही ऐसा
ना रिश्तों में तोड़ थी
ना आगे बढ़ने की होड़ थी
था हर दिन नया दिन हर रात नयी रात
मानों कल की ही बात।

राम ही विश्वास

राम बस नाम नहीं, एक विश्वास है
सभी हृदयों में उनका वास है

जिन पर हुई कृपा राम की, किस्मत कभी ना सोती है
छोड़ दिया राम को जिसने, किस्मत उनकी रोती है
मिट जाता अन्धकार हृदय का, छा जाता ज्ञान का प्रकाश
राम ही विश्वास ---

राम तो शाश्वत हैं, जो इस धरा पर आये
राम को समझे मनुज जो, राम के गुण गाये
राम उनको ही मिलेंगे, है जिन्हें मिलने की आस
राम ही विश्वास ---

राम की महिमा अमिट है और प्रभाव अपार
राम राम जपने से होते, सबके सब भवसागर पार
जीवन की अन्तिम घड़ियों में भी, हो राम का आभास
राम ही विश्वास ---

राम हैं दाता विधाता, जीवन नाव खिवैय्या
भुला दिए जो राम को, वो जग में भटके भैय्या
राम दूर नहीं भक्तों से, हैं वो उनके पास
राम ही विश्वास ---

बनें बिगड़े काम सारे, हो राम में यदि आस्था
ज़िंदगी की उलझनों में, राम ही इक रास्ता
राम का ही ध्यान कर, हो सभी पापों का नाश
राम ही विश्वास ---

राम नाम जपकर दस्यु से, बने वाल्मीकि इक योगी
राम नाम रटने से ही, सिद्ध हो गए सब भोगी
राम हैं व्याप्त सर्वत्र, हो धरा या हो आकाश
राम ही विश्वास ---

हैं भव बंधन मोचक राम, जीवन का इक साज
राम आत्माराम हैं संसार तारक इक जहाज
राम नाम जपते रहें, कब टूट जाये सांस
राम ही विश्वास ---

आओ सब मिलकर करें प्रणाम
हम सबके रोम रोम में रमे हुए हैं राम।

वक्त का महत्व

वक्त ठहरता नहीं, निरंतर चलता है
साथ इसके जो नहीं चलता, हाथ मलता है

मिलाइए बचपन के फोटो को, आज के चेहरे से
पहचान नहीं पायेंगे, वक्त आज कहाँ है जान जायेंगे

चेहरे पर पड़ी सिलवटें, वक्त की निशानी हैं
हम सबकी अजब कहानी है

वक्त का मिजाज हरदम बदलता है
कभी सुख तो कभी दुःख का झरना बहता है

समझदार वही है जो शीघ्र समझ ले
वक्त रहते स्वयं को बदल ले

दुःख का ना फिर अहसास होगा
वक्त सर्वोपरि है ये विश्वास होगा

समझे जो वक्त की कीमत, बढ़ता वही आगे
मन चाहा मिल जाता सब कुछ, जो वक्त पर जागे।

ज़िंदगी का नज़रिया

क्यूँ हो गए हो गुम सुम, कुछ तो हँसा करो
है ज़िंदगी बहुत छोटी, झरने की तरह बहा करो

मुस्कुराने की नहीं होती कोई कीमत
हर हाल में मस्ती के आलम में रहा करो

मुस्कुराहटें लाइए मायूस चेहरों पर
हुनर कुछ ऐसा, कभी तो दिखाया करो

नफरतों की भी होती है एक इन्तिहाँ
प्यार से सबको गले लगाया करो

अब न दिखे किसी आँख में आँसू का इक कतरा
काम कोई तो नेकी का ऐसा किया करो।

सपने सच करना

पूरे करने हैं सपने तो, रास्तों को ना मोड़ो
फौलादी सीने पर ही, फिर चट्टानों को तोड़ो

सपने तो वो सपने हैं जो, नींद उड़ा दें सारी
जीवन पथ को पाने की, करवा दे ये तैयारी

जीवन की असफलताओं को, पल में एक मिटायें
सपने ही वो माध्यम हैं जो, मंजिल तक पहुचायें

सपनों की बुनियाद ही है, संघर्षों की गाथा
हुये सफल सपने जो देखे, झुक जाता आदर से माथा

क्यूँ असफलताओं के भय से, हम भीरू बन जाते हैं
यत्न करें यदि मन से तो, सपने सत्य हो जाते हैं

सपनों की बुनियाद ही है, उद्यमों की अजब कहानी
श्रमशील करते सच इसको, बहा भ्रवों से पानी।

जोकर की कहानी

जोकर से जीवन जीने का, एक अनोखा ज्ञान मिला
सच पूछो तो मेरे मन को, एक नया इन्सान मिला

सीखा जोकर से मैंने ये बस, लोगों को बस खूब हँसाओ
खुद का दर्द बड़ा हो कितना, आँसू आँख में एक न लाओ

हो गम बड़ा कितना भी, लोगों से ना बाँटे
सदा मुस्कुराये ये चेहरा, चाहे लगे पैर में कांटे

करता नहीं घृणा ये किसी से, करता है सभी से प्यार
पल भर में ही बन जाता है, कैसे ये लोगों का यार

हँसना रोना है जीवन का हिस्सा, जोकर ये बतलाता है
नित्य नए करतब करके वो, सीख नयी सिखलाता है

लोगों को खूब हँसाने जोकर, सजता और सँवरता है
दो घंटे के शो में ये जीता, और कितनी बार ये मरता है

शो में कभी बजती हैं तालियाँ, और कभी पड़ती हैं गालियाँ
ना तालियों पर खुश होता है, न गालियों का बुरा मानता है

सीख दे जाता ये जोकर, ज़ख्म अपने हम छुपाये
दर्द बाँटे दूसरों का, और सदा ही मुस्कुराए

है जीना यदि सच्चा जीवन, तो हम जोकर बन जायें
हँसे खूब अपने ऊपर भी, औरों को भी खूब हँसायें।

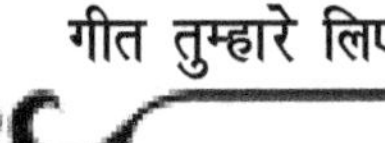

मुखौटा

लोग ऐसे क्यूँ हो जाते हैं, निज स्वार्थ में खो जाते हैं

झूठे मुखौटे लगाते हैं, बड़ी बड़ी बातें बनाते हैं
दिल में भरा है जहर, चेहरा मासूम दिखाते हैं

दोस्ती की झूठी बुनियाद पर, करते रिश्तों का कत्लेआम
नकली मुस्कुराहटों से, कारवां ये लूट जाते हैं

उभरती है आधी नीयत, आधी छिपा जाते हैं
घात करने का कोई अवसर, कभी नहीं गँवाते हैं

बनाने को सब काम अपना, जुगत नयी लगाते हैं
इस अन्धी दौड़ में, नियम सब तोड़ जाते हैं

कहते हैं जो, वो करते नहीं, करते हैं, वो बताते नहीं
हैं ये बहुत ही बनावटी, यथार्थ नहीं मानते

न इनका आफताब होता है, न माहताब होता है
आजकल ज्यादातर चेहरा, एक नकाब होता है।

प्यार का महत्व (चतुष्पदी)

बहारें यदि नहीं होती
चमन वीरान हो जाते

पवन चन्दन उड़ाता क्यूँ
पपीहे पी कहाँ गाते

फिजा बेनूर हो जाती
शहर सुनसान हो जाते

ना मिलता प्यार यदि तेरा
तो हम हैवान हो जाते।

चमन में शान्ति

रोके किसी के रुक ना सकेगी, शांति चमन में आयेगी
जीवन के सन्देश ये सारे, फिर से पवन दोहरायेगी

जगह जगह पर घात लगी है, सन्देहों के डेरे हैं
पर विश्वास के दीप की लौ ना, आँधी में बुझ पायेगी
रोके किसी के---

उपवन उपवन गर्म हवायें, टूटे हुये रिश्तों के सायें
इक छोटे सी फूल की चाहत, गुलशन को महकायेगी
रोके किसी के---

टूटे हुये दिल फिर जुड़ जाएँ, आपस में सब हिल मिल जाएँ
फिर ना कोई विग्रह की आंधी, हमको अलग कर पायेगी
रोके किसी के---

जीवन क्या है

मैंने सोचा जीवन क्या हे, जीवन क्या बस इक सपना है
या सोचा वो सब अपना है ---

इक अँधियारी रात यहाँ है इक छोटी सी बात यहाँ है
पल दो पल का मेल यहाँ है, बस दो दिन का खेल यहाँ है
या फिर एक सराये यहाँ है, दो पल जिसमें रमना है
मैंने सोचा जीवन ---

जीवन क्या इक गुलदस्ता है, उपवन जिसमें खुद हँसता है
एक फूलों की राह यहाँ है, एक ठंडी सी छाँव यहाँ है
प्रकृति बनी बस देव यहाँ है, अविरल मन्त्रों का जपना है
मैंने सोचा जीवन ---

जीवन क्या इक मधुशाला है, हर कोई जिसमें मतवाला है
मधु से भरा हुआ प्याला है, मद में मस्त हुई बाला है
या फिर एक तपस्या है, हर पल जिसमें तपना है
मैंने सोचा जीवन ---

मन की शक्ति

मन विचारों की एक पोटली है,
जीवन संघर्षों की एक ओखली है

दुःख नहीं होता जीवन में, निर्बल मन दुःख देता है
बदले यदि अपने मन को हम, तो ये खुशियां देता है

मन से हारे वो जग हारे, फिरते वो सब मारे मारे
है खुश मन तो मिटे उदासी, हर रात बने पूरनमासी

है धैर्य अगर जीवन में, कुछ न कर पायेंगे काँटे
फर्क नहीं पढ़ता फिर कुछ भी, महफिल हों या सन्नाटे

बीत गया जो भूलें उसको, और आगे की बात करें
जाग्रत करें चेतना मन की, चिंताओं से रहें परे

अच्छी संगत ही इस मन में, चमत्कार है लाती
सार्थक हो जाता ये जीवन, आशा के नव दीप जलाती

जीवन की नश्वरता

ज़िंदगी है इक घड़ा, कब फूट जाये
हैं मुसाफिर हम यहाँ, साथ कब छूट जाये

वक्त कम है शीघ्र करलें, सब अधूरे काम
मौत दस्तक नहीं देती, कब टूट जाये साँस

आँधियाँ आने से पहले, लोग हैं खामोश
है ये अदृश्य लुटेरा, कारवां कब लूट जाये

सोचते रहते सदा हम, ये करेंगे वो करेंगे
अवसरों का लाभ लें, कब छूट जाये प्राण

भूल ही जाती ये दुनियाँ, यहाँ से जाने के बाद
कर चलें हम कुछ अनोखा लोग रखें याद

मन उदास है

मन जब भी उदास होता है, तुम्हारे बहुत पास होता है

धीमी हो जाती गति धरती की, आसमान झुक जाता है
सृष्टि का सारा ही क्रम, बस ऐसे ही रुक जाता है
मिलती मुझे सान्त्वना तुम्हीं से, ये मन जब भी रोता है
मन जब भी ---

मन भी कभी उलझ जाता है, छोटी छोटी बातों में
नींद उड़ा देता पलभर में, और जगाता रातों में
बहुत दिलासा देता इसको, पर ये समझ नहीं पाता
होता शांत तुम्हारी याद में, जब भी लगाता गोता है
मन जब भी ---

स्मृति चित्र फिर उतरे मन में, जब थे साथ तुम्हारे
कड़की बिजली फिर यादों की गुजरे छड़ जो प्यारे
यादों की इन ही गठरियों का, बना प्यार का सोता है
मन जब भी ---

गोरी के साथ होली

आओ सब मिल खेलें होली
कटुताओं को मारें गोली

होली का त्यौहार अधूरा
रंग ना लगे जब तक पूरा
हर चेहरे पर लगा गुलाल
ना शिकवा ना कोई मलाल
रंग भरी है सबकी झोली
आओ सब मिल खेलें होली

बचे बिना रंग ना कोई गोरी
आँख मिलाये चोरी चोरी
हाथों में है अब पिचकारी
गोरी की चोली पर मारी
लाई खुशियाँ और नयी रंगोली
आओ सब मिल खेलें होली

रंग तो लगा दिया प्यार का
आसानी से ना छूटेगा
मन की लगन लगी तुम ही से
बंधन कभी ना टूटेगा
याद रहे वो पल होली के
आँख सुबह जब खोली है
आओ सब मिल खेलें होली

गोरी के मुख से गाली भी
लगती मीठी बोली है
कोयल जैसी चहक रही वो
प्राणों में मिश्री घोली है
गले लगायेंगे हम सबको

ये मस्तों की टोली है
आओ सब मिल खेलें होली।

हैं, हम तुमसे बहुत दूर
पंखुरी प्यार की सजा लेना
गुलाल ये हमारे प्यार का
गालों पर लगा लेना
आऊंगा अगली होली पर
लगाने तुम्हें गुलाल और रोली
आओ सब मिल खेलें होली।

खुशियाँ बन तुम होली पर आयीं
बजी उम्मीदों की शहनाई
याद रहेंगी सदा वो बातें
रंगों की रिमझिम बरसातें
नहीं भूल सकता अब तुमको
बनो हमारी हमजोली
आओ सब मिल खेलें होली

यादें

आज फिर दिल ने तुम्हें याद किया
हुआ ऐसा सुखद एहसास
कोई दूर रहकर भी है बहुत पास

मुद्दतें हो गयीं तुमसे मिले
अब ना हैं पुराने शिकवे और गिले

क्यूँ वक्त की उन आँधियों में खो गयीं
छोड़कर वो साथ मेरा तुम किसी की हो गयीं

कभी ऐसे लम्हें भी आये थे
तुम्हारी यादों के घने बादल छाये थे

वक्त ने किया क्यूँ जुदा, ये तो वही जानता है
फिर मिलोगी तुम, दिल मेरा ये मानता है

बरसों बाद तुमसे मुलाकात होगी
फिर एक नयी शुरूवात होगी

फिर एक नयी सुबह का आगाज होगा
जीवन फिर नया साज होगा

रिश्तों को प्यार से सजाकर रखें
हैं ये धरोहरें दिल से लगाकर रखें।

यादों के आंगन में

उम्र ऐसे निकल रही है
ज्यों मुट्ठी से रेत फिसल रही है

याद है अभी भी वो टीन की छत से बना स्कूल
वो स्कूल जाने की तरंग, दोस्तों से मिलने की उमंग
टीचर से पिटाई, स्कूल से भागना
स्कूल न जाने के बहाने बनाना
दोस्तों के हाथों में रखना अपना हाथ
मानों है कल की ही बात

जब बड़े हो गए तो कॉलेज आये
थे बड़े बड़े सपने सजाये
कुछ नया करने की चाहत थी
स्कूल टीचर की पिटाई से बचे बड़ी राहत थी
सजने सँवरने का ठोर आ गया
लड़कियों को रिझाने का दौर आ गया
रोमांटिक इतने हो जाते थे कि
रात को भी गॉगल लगाते थे

फिर लगी नौकरी, लगा बड़े हो गए हैं
अपने पैरों पर खड़े हो गए हैं
शुरू-शुरू में था नौकरी का जोश
पर बारह घंटे की नौकरी ने उड़ा दिया होश
लगने लगा, बंधुआ मज़दूर हो गए हैं
दोस्तों से कुछ ज्यादा ही दूर हो गये हैं

अब दाल और रोटी के चक्कर में फंसा हूँ
खुद मुझे मालूम नहीं, में कहाँ हूँ
ऑफिस में बॉस से बेइज्जती का मौका नहीं चूकता

पत्नी का भी मुझे देखकर है मुँह सूखता
क्या कहाँ गलत हुआ समझ नहीं पाये
हो जब दिल दुखी तो पुराने दिन याद आये।

दर्द का आभास

दर्द का आगाज तुमसे ही हुआ
कँपकँपाते हाथ से जब तुमने छुआ

दर्द की इन आंधियों में बेखबर रहा
हो मुरादों का ज्यौं टिमटिमाता हुआ दिया

वादा करके एकदम ही वो मुकुर गये
हार ही गये पहली बार में खेला था जो जुआ

मंजूर है हमको तुम्हारी बेबफाई भी
आगाज जो अदा का मुस्कुराते हुये हुआ

मन की चंचलता

मन है एक चंचल चिड़िया
किसको इसने बांधा है
यहाँ चहकना वहाँ फुदकना
ये ही ताना बाना है

कभी ये उड़ता कभी ये रुकता
कभी ये रोता कभी ये हँसता
कभी अकेला कभी भीड़ में
ये सच हमने माना है
मन है एक चंचल चिड़िया

कभी दिलाता याद बचपना
तो फिर कभी जवानी
याद दिलाता कभी बुढ़ापा
बस खत्म हुई कहानी

कभी नृत्य करता हिमगिरि पर
नापे सागर की गहराई
कभी मरुस्थलों की गर्मी में
देखे सुंदर अरुणाई
देखो मन फिर मचल रहा है
मौसम बहुत सुहाना है

गीता में भगवान कृष्ण ने
मन को चंचल माना है
है जिसकी गति अपरमित
संयम के चाबुक से रुक जाना है
ध्यान लगाना है जीवन में
मन वश में करना होगा

करें सफर तय अपना अपना
पैदल ही चलना होगा
रखना है मन यदि वश में
तो बैरागी बनना होगा।

जीवन मंत्र

मन है क्यूँ अशांत, कुछ तो सोचो
मुश्किल है जबाब, पर उत्तर खोजो

है हमारे पास जो, उसे नहीं मानते
नहीं मिला जो, पीछे उसी के भागते

हो रहा व्यर्थ ये जीवन, और कितना भागेंगे
कब इस गहरी नींद से जागेंगे
इस भाग दौड़ में, जीवन खत्म हो जायेगा
ना खुद को समझेगा ना रब को ही पायेगा

क्यूँ 'प्लास्टिक' का फूल बनते हो
ठीक है धूल जमते ही साफ हो जायेगी
चमक भी वापस लौट आयेगी
पर खुशबू का क्या, वो कभी आती है?
इच्छा ये ही मृग मरीचिका बन जाती है

बनें प्राकृतिक सुन्दर पुष्प
जिसमें गन्ध हो रंग हो इंद्रधनुष हो
चाँद तारों की रौशनी हो
मुहोब्बत की धड़कन हो
महक भी हो जो लुभायेगी
जीवन के नए सन्देश सुनाएगी

'च्वाइस' है आपकी क्या चुनिए
उदासी, आँसू या निराशा
या पुष्प की तरह जीने की आशा
फूल तो खिलकर बिखर ही जायेगा
किन्तु आशाओं के नवीन अवसर भी लायेगा

त्याग कर ये कुत्रिम जीवन, प्रकृति के पास आइये
अश्रु पोंछें निर्धनों के, खुशी के गीत गाइये

जाना तो है एक दिन सभी को
फिर क्यूँ रोकर, क्यूँ ना हँसकर
अपनाइये ये फिलॉसफी, मन खुश रहेगा
जीवन में बस सुख ही सुख रहेगा
पीछे भागेंगे नकली ठाट बाट के
तो ना घर के रहोंगे ना घाट के।

गीत मेरे

क्या लिखूं में गीत तुम पर, तुम स्वयं इक गीत हो
दूर हो मुझसे बहुत पर, तुम मेरे मनमीत हो

मैं नहीं गाता स्वयं से, तुम ही मुझे गवाती हो
गीत अधरों से निकलकर, प्रेम गीत बन जाती हो

प्यार में होती नहीं है, कोई हार और कोई जीत
मिलना और मिल के बिछुड़ना, है ज़िंदगी की एक रीत

दाव तुम पर ही लगाया, सोचकर कुछ आज यूँ
हार में भी जीत होगी, तुम मेरा संगीत हो

याद आता है तुम्हारा, सांवला चेहरा वही
चाँद भी शर्मा गया है, तुम मेरी वो प्रीत हो।

भूली बिसरी यादें

याद आयी फिर आज तुम्हारी, रात रात भर नयन जगे
हुआ व्यतिथ फिर हृदय हमारा, दर्द किसी से कह ना सके

जब जब देखूँ में चंदा को, एक नयी सी प्रीत जगे
आये याद वो मासूम चेहरा, अनजानी सी लगन लगे

दूर गगन के सभी सितारे, अपने से सब लगते हैं
अपनी ही भाषा में जाने ये सब, क्या क्या बातें करते हैं
बस सपनों में ही तुम आती, ऐसा कब तक कौन सहे

पलकों पर हैं सपनों के मोती, अन्तर्मन है ज्योति
जीत सके ना पहली बाजी आगे की अब कौन कहे।

प्रेम गीत गाये

प्रेम के नित गीत गायें
सूर्य गगन में हम उगाएं

त्याग की इक भावना हो, शांति का सुखमय बसेरा
फिर निराशा की गुफा में, ज्ञान का दीपक जलाएं
प्रेम के नित गीत गायें

यादों ने वेदना को, और गहरा कर दिया
दर्द के आवेग ने, सबको ही बहरा कर दिया
आओ मिलकर हम सभी, नया एक सवेरा लाएं
प्रेम के नित गीत गायें

बादलों के शोर में हैं चमकती बिजलियाँ
खुशनुमा उपवनों में देखो, उड़ रही हैं तितलियाँ
हो उजाला, दूर हों सब, वीरानियों के सायें
प्रेम के नित गीत गायें।

जीवन की परिभाषा

समझ ना पाया मैं जीवन को, ये तो एक पहेली है
सुबह श्याम बस घुटा इसी में, ये तो बहुत थकेली है

हुई दोस्ती कड़वे सच से, पीड़ा से साक्षात्कार हुआ
अपयश मिला मुझे हर पग पर, बस काँटों से ही प्यार हुआ
फिर भी गले लगाया इसको, जैसे एक सहेली है
समझ ना पाया में जीवन को ---

सच मानों तो अनुभव हमको, सब कुछ सिखला जाते हैं
बुरे वक्त में है कोन हमारा, ये भी बतला जाते हैं
बने ज़िंदगी ऐसी अब तो, ज्यों दुल्हन नयी नवेली है
समझ ना पाया मैं जीवन को ---

जन्म मृत्यु के इस पड़ाव पर, क्या हो कुछ भी पता नहीं
कौन हूँ मैं कहाँ से आया, इसका भी कुछ पता नहीं
खोज कर रहा अब आत्मा की, है जो मुझसे बहुत अकेली है
समझ ना पाया में जीवन को ---

दोस्ती

दोस्ती का रिश्ता बहुत अनमोल होता है
जिसमें ढेर सारा प्यार छुपा होता है

ज़िंदगी के पड़ाव पर अनेकों लोग मिलते हैं
कुछ, मुश्किल में भी साये की तरह खड़े रहते हैं

दुनियाँ में खून के रिश्ते उपहार में मिलते हैं
हम इन्हें बनाते नहीं, बने बनाये मिलते हैं

दोस्ती का रिश्ता अलग है, हम इसे बनाते हैं
बात लम्हों की नहीं, ज़िन्दगी भर निभाते हैं

तस्वीर ही ऐसी होती है यार की,
जिसमें प्यार भी होता है तकरार भी

ज़िंदगी में जब भी में उलझा
दोस्तों ने ही मुझे समझा

दोस्त मेरे लिए मेरा स्वाभिमान हैं
सच कहूं तो मेरे लिए भगवान हैं

छोड़ देती है जब ये दुनियाँ मुश्किल में बाँह
दोस्त ही ढूँढ़ता है हमारी ज़िन्दगी की राह

बहुत खुशनसीब हूँ मैं जो, आप जैसे दोस्त मिले
मेरी इस छोटी सी बगिया में फूलों की तरह खिले।

ईश्वर दर्शन

ईश्वर क्या दर्शन है या विज्ञान की चुनौती
दुनियाँ की आस्था या जीवन जीने का रास्ता

गरीबों का विश्वास है या असफलों की शक्ति
दार्शनिकों की निष्ठा है या भक्तों की भक्ति

या परमाणू है सभी दिशाओं में व्याप्त है
सभी से परे निराकार अव्यक्त भी है

ज्यों पत्ता डाल पर है डाल से परे भी
ईश्वर हर काल में है काल से परे भी

वो अनन्त है वायु, जल और थल में है
है सर्व व्यापक, समय के हर पल में है

है ये वो शिल्पी, मिटटी को सोना बना सकता है
और पल भर में सबको मिटटी में मिला सकता है

पाना है यदि ईश्वर को, छोड़ें सब अभिमान
करें दया सब जीवों पर, सबको समझे एक समान।

जीवन दर्शन

खोजा जब आज स्वयं को
बहुत अकेला जाना है
आत्म बोध का उदय हुआ है
खुद को ही पहचाना है
खोजा जब----

राह बहुत छोटी जीवन की
इसका भी कुछ भान हुआ
सुख दुःख हैं जीवन का हिस्सा
इसका भी कुछ ज्ञान हुआ
जीवन जिया 'मैं' और 'तू' के फेर में
अब ये भेद मिटाना है
खोजा जब----

इच्छाओं के मकड़ जाल में
सारा जीवन फंसा रहा
और निंदा के दल दल में भी
गर्दन तक मैं धंसा रहा
छोटा सा ये जीवन मेरा
छोटा ताना बाना है
खोजा जब----

उलझा इन झूठे रिश्तों में
खुद को ही मैं भूल गया
फांसी के थे ये फन्दे सारे
उन पर ही मैं झूल गया
अब ना करे गलती ये कोई
सबको आज बताना है
खोजा जब----

अब उम्र के इस पड़ाव पर
किससे मैं क्या क्या कहूँ
बनकर स्वयं हमसफर अपना
औरों की रौशनी बनूँ
मन में किया संकल्प आज ये
अब ना मोह बढ़ाना है
खोजा जब----

जीवन की इस भाग दौड़ में
अब मृत्यु का सच समझे हैं
नहीं जानता इस जीवन के
कितने दिन अब और बचे हैं
अब मरघट ही मंजिल मेरी
अपनी हस्ती मिटाना है
खोजा जब----

मुसाफिर

हम हैं मुसाफिर भटकते रहे सदा
मिला वही जो किस्मत में था बदा

जीवन के इस सफर, में नए कई मीत मिले
निराशाएँ भी थीं, उम्मीदों के नये फूल भी खिले

सिखाया अनुभवों ने, बने सभी के मीत
छोड़ नफरतों को, बने सुमधुर गीत

कल का पता नहीं, बस आज की बात करें
हो विशाल हृदय, सबको आत्मसात करें

सहज बने अब इस जीवन में, बने हर दिल की तरुणाई
मुश्किल नहीं है बनना, फिर लोगों की परछाई

सुख दुःख तो आते जाते हैं, फिर क्यों इसका ध्यान रखें
जिन घड़ियों में हँस सकते हैं, उसका भी कुछ ज्ञान रखें

कभी ना हारें हिम्मत मन से, खुद पर हो विश्वास
मंजिल तक निश्चित पहुचेंगे, सोच रखो ये खास

पानी हैं जिनको भी मंजिल, बाधाओं में न अटकें
भूल गए यदि लक्ष्य ही सारा, तो जीवन भर भटकें

पानी है यदि मंजिल तो सुख चैन हराम
मंजिल मिलने तक, ना करना आराम।

प्रकृति तुम बहुत सुन्दर हो

प्रकृति बहुत सुन्दर हो तुम, हो तुम सबसे न्यारी
ये तुम्हारी सारी दुनियाँ, है बहुत ही प्यारी

संगीत गूंजता कभी टहनियों से, कभी शांत हो जाती हो
तूफानी रातों में अक्सर, तुम अशांत हो जाती हो

चाँद और सूरज हैं जैसे, सुन्दर नेत्र तुम्हारे
हार बने हैं आसमान में, ये चमकीले तारे

हवा बह रही ठंडी ठंडी, काली घटा है छायी
मोर की पुकार से देखो, कोयल भी शर्मायी

नदियों ने छलकाया यौवन, पेड़ों ने श्रृंगार किया
झुरमुट से बोल रहा पपीहा, कैसे हरदम पिया पिया

तुम ही जीवन देतीं सबको, और मधुर मुस्कान
परोपकार की शिक्षा देतीं, तुम हो बहुत महान

विलग हो सकूँगा न तुमसे, ऐसी मेरी यारी
अस्त हुआ अब जीवन मेरा, चलने की है तैयारी।

स्टेट बैंक में परिवर्तन

परिवर्तन की हवा स्टेट बैंक में बहने लगी है
जो बात कल तक असंभव थी
आज संभव होने लगी है।

हम दो सो साल से अपने पैरों पर खड़े हैं
इस दौरान अनेकों समस्याओं से लड़े हैं

पर आज परिवर्तन हमारे बैंक में दिख रहा है
इतिहास स्टेट बैंक की नयी इबारत लिख रहा है

कल जो कहते थे हम एसबीआई को पीछे छोड़
नंबर वन बैंक बनेंगे, वो आज कहाँ हैं, आप कुछ कहेंगे

पहले परिवर्तन फिर एसबीआई सिटीजन
और भी आगे होने हैं बहुत से परिवर्तन

सच ही कहा है स्टेट बैंक का कर्मचारी
अब जागने लगा है
हाँ भैय्या हाँ, एलीफैंट अब नाचने लगा है।

देश बचाओ

कोई तो आओ रे बचाओ मेरे देश को
जतन करो मिलके सजाओ मेरे देश को

जल रहीं हैं प्रतिभाएँ, जल रही है चेतना
जल रही हैं वधुऐं बढ़ रही है वेदना
जल रहा है कश्मीर जल रहा पंजाब है
लपटों की सुर्खी में सहमा आसाम है
आग है लगी हुई हर तरफ यहाँ वहां
देखने को क्या है बस देखो ये धुआँ धुआँ
तो ऐसे न जलाओ मेरे प्यारे इस देश को
कोई तो आओ रे ---

बेचते ये बाइबिल, बेचते कुरान हैं
बेचते ये गीता बेचते पुराण हैं
बेचते ये नफरत बेचते उसूल हैं
देश के भविष्य की चेतना ही गुल है
बेच देंगे खुद को भी नेता बड़ी शान से
बेच देंगे एक दिन सारे हिंदुस्तान को
ऐसे इन लुटेरों से बचाओ मेरे देश को
कोई तो आओ रे ---

खो गया है बचपन, खो गयी जवानी
खो गयी हैं राहें, खो गयी रवानी
खो गए हैं सपने, बन गयी कहानी
दिशाहीन होकर भटके जिंदगानी
नया इक रास्ता दिखाओ मेरे देश को
कोई तो आओ रे ---

साजन चले ससुराल

एक बार हम जब ससुराल गये तो
दरवाजे पर ही मिल गयी छोटी साली
हमें देखते ही खुशी से उसने बजायी ताली
और जोश से चिल्लाई, जीजा जी आ गए।

साली बोली में अभी दीदी को बुलाती हूँ
में बोला अभी नहीं, बिलकुल नहीं
उनको देखते देखते हो गयी है एलर्जी
आज तुम मिली हो तो मिली नयी एनर्जी
साली शर्मा गयी, और बोली, मम्मी को बुलाती हूँ
सासु ने आते ही ऐसे कसके गले लगाया
हमारी साँस हो मन्द, आंखें भय से हो गयी बंद
हमने कहा अब छोड़िये भी, अगर हमारी निकल गयी दम
तो आपकी बेटी के हिस्से में होंगे गम ही गम।

साली बोली जीजा जी आप थक कर आये हैं
चाहें तो नहा लें सामने ही बाथरूम था
पर हमने देखा जो भी बाथरूम जा रहा था
गाना गा रहा था
हमने कहा- आपके यहाँ बड़े संगीत प्रेमी हैं
तो साली बोली- ऐसा नहीं है ये तो मजबूरी है
बाथरूम में दरवाजा नहीं है सिर्फ पर्दा है
अगर गायेंगे नहीं तो हो जायेंगे बेपर्दा
खैर हम भी नहाने लगे, जोर जोर से गाने लगे।

रात को हमारे सोने का इंतजाम
एक पुराने कमरे में हुआ
तब तक पत्नी भी आ गयी और बोली
किसी चीज की जरूरत हो तो बताइये

हमने कहा अब मत सताइये, आप ही आ जाइये
पर वो दूध का एक गिलास रखकर चली गयीं।

रात को जब सोने की कोशिश की तो
देखा कुछ जीव जंतु काट रहे हैं
हमारे खून में से अपना हिस्सा बाँट रहे हैं
खैर रात भर नींद नहीं आयी।
सुबह साले साहब आये और बोले
जीजा जी नींद कैसी आयी?
हम बोले भैया रात भर छटपटाते रहे
वो तो खटमल पकड़े रहे
नहीं तो मच्छर उड़ा के ले जाते।

जाते समय ससुर जी ने बड़े प्रेम से पूछा
बेटा अब कब आओगे
हमने बहुत ही दुखी मन से कहा
चाहें ऊपर चले जायँगे, आपके घर कभी नहीं आएंगे।

सुन्दरी

(कविता लिखी गयी, जब कवि आठवीं कक्षा में था)

मौसम सुहाना था, फूल खिल रहे थे
बसन्त हंस रहे थे
सहसा एक सुंदरी निकली
तन गोरा आँखों में बिजली

हमने पूछा सनम तुम कौन हो
क्यूँ मौन हो, कुछ बोलते नहीं
हमारी तरफ देखते नहीं

सुनकर वो गुस्से में आयी
हमारी तरफ चांटा लेकर धाई
तभी से प्यार ना करने की
कसम खायी।

सागर

सागर नहीं होता तो सभ्यताऐं नहीं होतीं
ना होता मानसून, बारिश भी नहीं होती

लहरों की ध्वनि ही मधुर संगीत है
नित नया सुन्दर गीत है

बात करें लहरों से, तो सुकून मिलता है
दिल का दरवाजा धीरे से खुलता है

तट पर सूरज डूबने का, नजारा अनोखा होता है
देख वही पातें हैं, जिन्हें, प्रकृति से प्रेम होता है

ज़िन्दगी भी एक सागर है, खुली हुई किताब है
ज्वार भाटा है, भरी हुई गागर है

समस्या रूपी लहरें हैं, तैरना आना जरूरी है
हुनर जीने का नहीं सीख पायेंगे, तो निश्चित ही डूब जायेंगे

शिक्षा देती लहरें सागर की, संघर्षों से ना हार
हो सामना विफलताओं से, चाहें अनेकों बार

सागर सा गंभीर हृदय हो, तोड़े ना कोई मर्यादा
लहरों से जी भरकर लड़लें, फिर जीत सकेंगे हर बाधा

थाह पाना मानव मन की, सागर से भी गहरा है
क्षणभंगुर जीवन पर देखो, सीमित सांसों का पहरा है

यदि पाने मोती सागर के, लगाओ गहरे जल में गोता
हो प्रयत्न निरंतर जिसके, सफल वही बस होता है

स्वयं समाहित है सरिताओं में, सबको साथ मिला लेता
भेद करे न कभी किसी से, सीख ये सागर देता है।

एक पुरानी याद

क्या लिखूँ
मैं
तुम पर,
सच मानों तुम ही
कविता हो।
याद है
वो तुम्हारा,
ऑफिस से बैंक आना
कैश जमा कराना
बड़ी बड़ी आँखें मटकाना
फिर धीरे धीरे
उनको झपकाना
ढेर सारा प्यार टपकाना

जयेन्द्रगंज ब्रांच में
जब
कैश जमा कराने आती थीं
तो
ब्रांच में 'कैश' लेने वालों की
भीड़ लग जाती थी
सोचते थे सब
शायद हमारे काउंटर पर आये
कैश जमा कराये
कई बार आपस में बात बढ़ जाती थी
'मेरे ही' काउंटर पर
कैश जमा कराऊँगी,
इस बात पर
तुम अड़ जाती थीं।
आज भी याद है
जब

पहली बार तुम ब्रांच में आयीं थी
मेरी डेस्क पर
आते ही मुस्कुरायीं थी
थोड़ा सा शर्मायीं थी
कुछ इतराईं थी
पर आज खोलता हूँ ये राज
नहीं था तुम्हारा कोई जबाब

वो तुम्हारा
कैश काउंटर के पीछे
आना
मुझे गले लगाना
एक राज है
ज़िंदगी का एक साज है

फिर
अचानक तुम
किसी की हो गयीं
वक्त की आँधियों में खो गयीं
बहुत साल बाद अब मुलाकात हुई
ढेरों पुरानी बातें हुईं
दोस्त गुम हो जाएँ तो कैसे ढूँढें
तुमसे सीखने की बात है
इतने साल तक
मुझे फेसबुक पर ढूंढा
चाहे दिन हो या रात हो

धन्यवाद आपका जो फिर मिले
पुष्प की तरह खिले।

भारत देश महान

हिमालय है मुकुट जिसका
हिन्द महासागर जिसकी शान
सबसे सुन्दर सबसे प्यारा
मेरा भारत देश महान

ये सिर्फ देश ही नहीं, हमारी माता है
सच मानों तो हमारी आत्मा है

माता तो हमें जनम देती है
पर भारत माता की गोद में
हम पलकर बड़े होते हैं
अपने पैरों पर खड़े होते हैं

भारत माता का महान इतिहास है
बलिदानों की गाथा है
शहीदों के लिए श्रद्धा है
आदर से झुक जाता माथा है

मनुष्य तो क्या पशु पक्षी भी
अपनी जनम भूमि में चहकते हैं
सारा दिन इधर उधर उड़ते, घूमते हैं
रात को अपने बसेरों में पहुँच जाते हैं

देशभक्ति बस कुछ नहीं
देश का समुचित मान है
अमर शहीदों का
दिल से सम्मान है

दुनियाँ घूमी हमने सारी लगा ना कोई न्यारा
सबसे सुंदर सबसे प्यारा भारत देश हमारा।

हवा की आत्म कथा

में हवा हूँ, सब जगह हूँ, कहाँ नहीं हूँ मैं
ना मेरा कोई रूप न रंग, अनवरत रहती हूँ सबके संग

देती हूँ सबको सांसों का साज, ज़िंदगी का बेहतरीन आगाज
लिखी गयीं मुझ पर बहुत सी कविताऐं, दी गयीं नयी उपमाएं
ऋतुओं के साथ मेरे स्वरूप बदलते हैं, शिशिर में जब चलती हूँ तेज तेज
लोग ठण्ड से सिकुड़ते हैं, गरम कपड़े पहनते हैं और ओढ़ते हैं

गर्मियों में मुझे लू कहते हैं, गर्म हवाओं के थपेड़े सहते हैं
कभी धूल का बवण्डर बन, सब कुछ उड़ा देती हूँ
बरसात की कुछ और ही है बात, ठंडी हवाएं प्रेमियों की
बढ़ाती चाहत, विरह में देती बहुत राहत

संतृप्त हृदयों में मिलन की वेदना बढ़ाती हूँ
सात्विक प्रेम की आस जगाती हूँ
पर देखिये क्या अजब बात है, हूँ मैं सबसे अलग
पर सबके साथ भी हूँ

ना मेरा कोई रूप है ना गंध है, उपवन से निकली तो
सुगंध बन जाती हूँ, गन्दगी का साथ ले दुर्गन्ध बन जाती हूँ
जैसा साथ मिला वैसी मैं हो गयी
जिस प्रवाह में थी, उसी में बह गयी

सोचो यदि एक मिनट भी मैं गायब हो जाऊं,
तुम जी नहीं पाओगे हमेशा के लिए सो जाओगे
मेरा मूल्य तो देखो मुझे सिलेंडरों में भरा जाने लगा है
ऑक्सीजन कहा जाने लगा है

देती हूँ सांसें मरते हुए लोगों को, उनका जीवन बचाती हूँ
सुख दुःख में उनकी साथी हूँ,
मेरी इस विरासत को और न बांटो
इन पेड़ और पोंधों को ना काटो

इनसे ही होती हे मेरी उत्पत्ति
है आप सबकी भी संपत्ति
में तो हवा हूँ ऐसे ही प्रवाहित रहूंगी
प्राणी मात्र की जीवन दाता रहूंगी।

राम की महिमा

सांसों की सरगम में, मन की धड़कन में
सागर की लहरों में, नदी और नहरों में
राम तुम ही हो ---

जमीन और आसमान में, मान और अपमान में
ज्ञान और अज्ञान में, नीच और महान में
राम तुम ही हो ---

पापी पुण्यात्मा में, चींटी और हाथी में
पर्वत और बृच्छों में, मानुष और माटी में
राम तुम ही हो ---

दिन और रात में, हवा और बरसात में
खेत और खलिहान में, इस सारे जहान में
राम तुम ही हो ---

जो सर्व शक्तिमान, स्वयं प्रकाश हैं
दीन जनों की आस हैं, सब में जिनका वास है
राम तुम ही हो ---

जिनका आदि है ना अंत, ब्रह्माण्ड में हैं अनन्त
प्रेम जिनसे करते हैं सन्त, कहते हैं ये ज्ञानवंत
राम तुम ही हो ---

जो सबके जीवनदाता हैं, सबके भाग्य विधाता हैं
प्राणियों के पिता और माता हैं, सबसे बड़े दाता हैं
राम तुम ही हो ---

अंधों और दृश्यवानों में, गूँगों और बहरों में
गाँवों और शहरों में, दिन के पहरों में
राम तुम ही हो ---

शरीर रथ इन्द्रियां घोड़े हैं, बुद्धि सारथी मन लगाम हैं
जिनके प्रताप से ही होती सुबह और श्याम है
राम तुम ही हो ---

हैं शक्तियाँ जिनकी विचित्र, कर्म हैं पवित्र
प्राणियों के हृदय में हैं सर्वत्र, करके भजन जिनका हो आत्मा तृप्त
राम तुम ही हो ---

सतगुणों की खान हैं, प्रेम की पराकाष्ठा हैं
दुष्टों के लिए यमराज हैं, भक्तों की आस्था हैं
राम तुम ही हो ---

ये सम्पूर्ण जगत आप हैं, संतों का जाप हैं
ब्रह्माण्ड का नाप हैं, रचियता सृष्टि के आप हैं
राम तुम ही हो ---

करतें नहीं जो कभी, अपने पराये का भेदभाव
संसार तारण एक नाव, करते हैं ग्रहण भक्तों का भाव
राम तुम ही हो ---

जो जगत के मूल कारण हैं, संसार की चेतना हैं
ऐसे वो राम हैं, सबमें विराजमान हैं
राम तुम ही हो ---

सूर्य और चन्द्रमा जिनके नेत्र हैं, सबके स्वामी हैं
सबके मन की बात जानते हैं, अन्तर्यामी हैं
राम तुम ही हो ---

जो अव्यक्त अत्यंत सूक्ष्म हैं, निकट होने पर भी
दूर जान पड़ते हैं, सर्व व्यापी शक्तिमान हैं
राम तुम ही हो ---

मुक्ति धाम का कड़वा सच

मैं शहर के किसी दूर कोने में, उपेक्षित सी जगह पर बना हूँ
कुछ काले से टीनशेड हैं, टूटी हुई परकोटे के दीवाल है
बहुत ही अस्त व्यस्त जगह पर स्थित हूँ
पूछेंगे आप मेरा नाम, कुछ कहते हैं मरघट कुछ मुक्तिधाम।

यूँ तो लोग रोज ही मरते हैं, सब यहाँ आने से डरते हैं
मैं बहुत ही व्यस्त रहता हूँ
रात दिन लोग यहाँ आते हैं
नये नये शव लाते हैं, गंगाजल से नहलाते हैं
अगरबत्ती और कपूर लगाते हैं फिर उसमें आग लगाते हैं
कुछ देर तक मातम मनाते हैं, फिर कुछ लोग शव को
अधजला ही छोड़, घर लौट जाते हैं।

मैंने बहुत पास से देखा है इन्सानों का इन्सानों के प्रति
ये छदम व्यवहार, झूठा दिखावटी प्यार
नहीं हैं ये किसी के भी यार
मैंने फर्क नहीं किया कभी राजा और रंक में
सभी को जगह दी अपने अंक में
यहाँ सभी तरह के लोग आते हैं नए नए शव लाते हैं

बहुत ध्यान से देखता हूँ मैं लोगों का व्यवहार
अग्निदाह तक तो बैठते हैं उदास
कुछ बताते हैं मृतक की अच्छाई, करते हैं कुछ बुराई
कुछ कहते हैं ठीक था, कुछ गन्दा, विचारों से पूरा अन्धा

कुछ ही समय में लोग बोर हो जाते हैं
कुछ पैसे की तो कुछ जमीन जायदाद की बात करते हैं
कहते हैं शव आग नहीं पकड़ रहा
देर हो रही है, ऑफिस भी जाना है

कुछ और घी और कपूर डलवायें, शव को जल्दी जलाएं
ताकि घर जल्दी जा सकें, परेशानियों से निजात पा सकें

मित्रों जीवन का ये कड़वा सत्य, मुक्ति धाम से
मैंने स्वयं देखा और तुम्हें दिखाया है
मौत शाश्वत, दुनियाँ स्वार्थी है, तुम्हें बताया है
छोटे से जीवन का इतना ही सत्य है, यही रवानी है
बचपन से बुढ़ापे तक की कहानी है

छह फीट का शरीर, एक मुट्ठी राख बन जाता है
कभी शाश्वत था, इतिहास बन जाता है
भूल जाते हैं लोग कुछ समय बाद
हमारा भी था कभी कोई साथ

जीवन नश्वर, क्षणभंगुर है,
शाश्वत तो बस ईश्वर है
सबक है दूसरों के लिए जियें,
घावों पर मरहम लगाएं उन्हें सियें

जीवन जियें बिना द्वेष बिना राग,
बनने से पहले एक मुट्ठी राख
नहीं आएँगी भौतिक वस्तुऐं काम,
अकेले ही जाना है सबको मुक्तिधाम।

खुशी की खोज

मन आज बहुत उदास था
न जाने क्यूँ बहुत अवसाद था

सोचा कुछ मूड बदलें, पास के बगीचे में गया
सामने ही एक कुर्सी पर बैठ गया
सोचा ऐसा क्यूँ हो रहा है, अपना कोई खो रहा है

तभी अचानक 'चूँ चूँ' की आवाज आयी
सामने से एक सुन्दर गौरैया आयी
मन को वो बहुत ही भाई
प्रश्न कर रही हो जैसे
खुशी ढूंढी नहीं जाती वो तो मन में होती है

हो यदि निस्वार्थ भाव, शर्त रहित प्यार तो,
खुशी कभी खोती नहीं है, हर जगह होती है
छोटी छोटी चीजें खुशियां दिलाती हैं
मन को अमृत पान कराती हैं

इतने में एक छोटी सी गिलहरी
मेरे पास कुछ डरते डरते आयी
शायद बहुत भूखी थी, मैंने कुछ बिस्कुट दिये
वो उन्हें खाने लगी, धीरे धीरे पूंछ हिलाने लगी
जैसे कह रही हो, मुझसे दोस्ती करोगे

मैंने उसे प्यार से सहलाया कहा हाँ जरूर
सन्देश यही है, खुशी दोगे तो खुशी मिलेगी
जीवन की उजड़ी बगिया फिर खिलेगी
निराशा क्या है, कुछ अन्ध इच्छाओं का
ताना बाना है। जीवन ठहरता नहीं बस
आना जाना है
है ये बात बिलकुल सही
खुशी अंदर ही है, बाहर नहीं।

कोरोना

जो मिला वो खो गया, जिसे चाहा वो सो गया
सब अनचाहा गया, देखकर ये, मन मेरा रो गया

मौत का अनवरत सिलसिला है, विश्व शोक से सारा हिला है
प्रकृति क्रोधित रोष बहुत भारी है, चीत्कार कर रही दुनियाँ सारी है

हो गया मानव उदण्ड, प्रकृति कोप है प्रचंड
दे रहे ईश्वर दण्ड, विश्व हुआ, खंड खंड

जगह नहीं अस्पतालों में, खाली नहीं शमशान का कोई कोना
हर जगह गफलत है, प्रकोपित हुआ कोरोना

महामारी का दौर आ गया है, मृत्यु देवता को बहुत भा गया है
आदमी प्रतिक्षण मर रहा है, आदमी आदमी से डर रहा है

ज़िंदगी एक कमरे में सिमट गयी, हस्ती बड़ों बड़ों की मिट गयी
तरसते लोग देखने को अपनों को, देखते टूटे हुए सपनों को

मार कोरोना ने जो लगायी, धन सम्पदा भी काम न आयी
बहुत विपदा काल है, सबका बुरा हाल है

प्रार्थना यही ईश्वर से, दौर ना ऐसा अब आये
शमित हो ये कोलाहल, विपदा शीघ्र ही जाये।

श्रद्धांजलि

(कोरोना से मेरे भानजे की मृत्यु होने पर)

सबकी आंखों का तारा था, जगमगाता सितारा था
बहुत ही प्यारा था, 'अपूर्व' ऐसा राजदुलारा था

फूलों का हार था, दिल में सब के लिए प्यार था
'पाम ओलम्पिया' की शान था, सोसाइटी की जान था

'अपूर्व' तुम आंधी की तरह आये, तूफान की तरह चले गए
जाने से पहले, सैकड़ों चेहरों पर मुस्कान बिखेर गये

सदा दूसरों के दुःख दर्द में खड़े रहे
कोविड के कठिन समय में, सबकी सेवा करते रहे

मदत करने में एक पल भी ना सोचते थे
दुखी जनों के आंसू सदा पोंछते थे

यहाँ तक कि अपना जीवन भी दाँव पर लगा दिया
भूल सकता नहीं कोई, जो तुमने सबके लिए किया

लिखने के लिए शब्द कम पड़ गये हैं, बस बहुत याद आओगे
इन आंसुओं में सदा मुस्कुराओगे।

गांव बहुत याद आता है

वो घर के आँगन में लगा बूढ़े बरगद का पेड़
मिटटी की सोंधी सोंधी सुगन्ध
नदी का ठंडा पानी, बचपन की रवानी पर
जब भी ध्यान जाता है, गांव बहुत याद आता है

वो गांव की धूलभरी गलियाँ, चौराहे पर छोटा चौपाल
एकत्रित होते थे सभी होली पर लगाने एक दूजे को गुलाल
आया जब भी याद गांव, मन खुद को
बहुत अकेला पाता है, गांव बहुत याद आता है

वो हरे भरे खेतों से आती धनिये की सुगन्ध
रात की रानी का यौवन, बगीचे में अमराई
और गांव की भोजाई की जब भी होती है बात
मन नए गीत गाता है, गांव बहुत याद आता है

वो बूढ़ी काकी का सबको डांटना,
खाने को मीठा सत्तू भी बाँटना, बगीचे से आम चुराना,
पकड़े जाने पर नए बहाने बनाना, खेतों से चिड़िया उड़ाना
बहुत याद आता है, गांव बहुत याद आता है

गर्मियों में चारपायी पर लेटना, सुराई का ठंडा पानी पीना
गन्ने के रस की खीर, मकई एवम् बाजरे की रोटियां
माँ के हाथ का बना ताजा मक्खन
आज भी बहुत भाता है गांव बहुत याद आता है

घर में लगा गूलर का पेड़, शाखाओं पर बने बया के घोंसले
कोयल की कूक और मोर की पुकार
तोतों का आना और अपनी ही भाषा में गाना
प्रकृति ही सबकी दाता है, गांव बहुत याद आता है

वो घर में बँधी श्यामा गाय, बहुत सीधी थी
हम बच्चों को दूध पिलाती थी,
अच्छे से जानती थी हमें अपना बछड़ा मानती थी
याद करते हैं जब भी उसे गांव बहुत याद आता है

ये हमारा गांव नया नहीं पुराना है,
हमारे पुरखों का बड़ा ठिकाना है
यहाँ की ही मिटटी में वे सब पले और बड़े
अपने पैरों पर हुये खड़े, यहाँ की मिटटी में ही
सब सो गये, हमेशा के लिए खो गये
सच में गांव से गहरा नाता है, गांव बहुत याद आता है

अब जब भी जिक्र गांव का होता है,
मन रोता है पुरानी यादों में ही सदा खोता है
याद आते ही गांव की, मन,
विरह के गीत गाता है, गांव बहुत याद आता है।

खिताबों की चाह नहीं

चाह रही न अब जीत की
इन खिताबों में अब क्या रखा है
समझे ढाई आखर प्रेम का जब से
इन किताबों में रखा क्या है

हों ज़िन्दगी में भी कुछ नए नए प्रयोग
लकीर के फकीर होने में रखा क्या है
ना करें मुहोब्बत के इजहार में कंजूसी
वरना इश्क में रखा क्या है

बैठकर चेयर पर जो झाड़ते हैं रोब
है ये कुछ दिनों की, इसमें रखा क्या है
काम आती है नेक नीयत सदा
बेईमानी में रखा क्या है

मौत आ जाये कब दबे पाँव
यूँ ही सोने में रखा क्या है
जागते और जगाते रहें सबको
यूँ ही रोने में रखा क्या है

है ज़िंदगी चार दिन की
मातम मनाने में रखा क्या है
जाएँ तो मुठ्ठी खोलकर जायें
बन्द मुठ्ठी में रखा क्या है

मिलता है साथ अपनों का सदा,
नफरतों में रखा क्या है
मिलते मिलाते रहें गले सबसे
वरना इस जमाने में रखा क्या है

हम हैं बहुत ही मतवाले

हैं हम बहुत ही मतवाले, पर हैं बहुत ही दिलवाले
सोचें ना हम कल की भैय्या, वर्तमान में जीते हैं
दर्द छुपा कर रखते अपने, जाम प्रेम के पीते हैं
रहतें हैं हर हालात में खुश हम, पड़े भले खाने के लाले
हैं हम बहुत ही मतवाले ---

थाम लिया जो हाथ किसी का कभी न उसको छोड़ा है
मन से मिलाया है मन हमने, ना हृदय किसी का तोड़ा है
मिले प्रेम से सबसे ही हम चाहें गोरे हों या काले
हैं हम बहुत ही मतवाले ---

कुछ लोग हमें अब मिलते ऐसे, गिरगिट भी शरमाते हैं
नहीं खोलते भेद ये अपना, सबको ही भरमाते हैं
खोलें किसी के ये ना खुलते अलीगढ़ के ताले हैं
हैं हम बहुत ही मतवाले ---

जीते हर दिन नयी ज़िंदगी, करते हरदम नयी बन्दगी
कल का नहीं भरोसा हमको, सांसें कब मद्धम हो जाएँ
हैं हम बहुत अलबेले, साँप आस्तीन में पाले हैं
हैं हम बहुत ही मतवाले ---

छोटा सा ये जीवन मेरा, खुश उसमें रहते हैं
बहता जैसे झरना हरदम, वैसी ही हम बहते हैं
रात अँधेरी जिस जीवन की, लाये नए उजाले हैं
हैं हम बहुत ही मतवाले ---

जीवन रेलगाड़ी है

छुक छुक रेलगाड़ी, धीरे धीरे चल रही है,
सीटी बजा रही है आगे बढ़ रही है
पार करती गांव गांव और शहर–शहर
पहाड़ जंगल नदियां और नहर

चलती रहती सदा ये कभी ना थकती
पहुँचाने को सबको ये मंजिल तक है भागती
रुकती अपने स्टेशन पर, यात्री चढ़ते और उतरते हैं
सफर अपना अपना पूरा कर, अपनी मंजिल को बढ़ते हैं

माने कभी न जाति पांति ये, सबके भार को ढोती है
निश्छल है सभी के प्रति ये गरिमा कभी न खोती है
जीवन भी है छुक छुक गाड़ी, धीमें धीमें चलता है
इसके भी स्टेशन आते हैं, चढ़ना और उतरना है

पहला स्टेशन है बचपन का, दूजा नयी जवानी है
तीजा दुखद बुढ़ापा है, होती खत्म कहानी है
पता नहीं इस जीवन का स्टेशन कब आ जाये
दुनियाँ से जाने से पहले, कुछ अच्छे पल दे जाएँ

बन सकता है जीवन सुन्दर, झाँके यदि हम इसके अन्दर
भूलें वो सब जो बीत गया, छोड़े कल की चिंता
होगा फिर हर दिन नया सवेरा
खुशियों का एक नया बसेरा

जैसी सोच रखें जीवन में वैसा ही हम पायेंगे
हितकारी हों दीन जनों के, गीत खुशी के गायेंगे
वैर न माने कभी किसी से, सबको माने अपना
दुनियाँ ये इक स्टेशन है, सबको जानें अपना।

माँ दिल की बड़ी थीं

धूल में खेलता था जब मैं,
माँ मुझे खींच कर लाती थीं
निकालने को धूल मेरी सारी
लाइफबाय साबुन लगाती थीं
कहती थीं फिर, गोरा हो जाता है तू
जब मैं रगड़ कर नलहाती हूँ
माँ मेरे सांवले चेहरे को
गोरा मानने पर अड़ी थीं
माँ दिल की बड़ी थीं ---

रात में करता था जब बिस्तर गीला
माँ सूखे बिस्तर पर सुलाती थीं
हर समस्या में रास्ता दिखाती थीं
साया बनकर साथ निभाती थीं
आने पर थक कर स्कूल से
बालों में तेल लगाती थीं, थकान मिटाती थीं
जीवन में मेरे हर मुश्किल क्षण में
सदैव मेरे साथ खड़ी थीं
माँ दिल की बड़ी थीं ---

पढ़ाई के लिए रोज सुबह उठाती थीं
दिमाग ठंडा रखने के लिए गर्मियों में,
आमले का मुरब्बा व गुलकंद खिलाती थीं
परीक्षा मेरी, परेशान वो होती थीं
पेपर खराब होता था मेरा, वो रोती थीं
यद्यपि बहुत ही कम पढ़ी थीं
माँ दिल की बड़ी थीं ---

बैंक में मेरी नौकरी लगने की खबर
पूरे मुहल्ले में गर्व से सुनाई थी
पास पड़ोस में भी बांटी मिठाई थी
मेरी उन्नति से होती थी उन्हें बहुत राहत
मेरे और आगे बढ़ने की थी चाहत
छूने से उनके पैर को
मन को मिलता था बहुत बल
हर समस्या का सही हल
मेरे लिए कई बार, पूरे मोहल्ले से लड़ी थीं
माँ दिल की बड़ी थीं ---

वो खुशनुमा स्मृतियाँ

वो मेरे घर के सामने रहती थी, पहाड़ी नदी सी बहती थी
मुझे देखकर ना जाने क्यूँ, हरदम मुस्कुराती थी
शायद मेरे जीवन की, दिया और बाती थी

अपने भाई और पिताजी से, बहुत ही डरती थी
मुहल्ले में उनका रोब था, लोग डरते थे, बड़ा खौफ था
मुझे सीधे नहीं, कनखियों से देखती थी
हम भी अपनी खिड़की से उसे देखते थे।

दोपहर में कभी कभी छज्जे पर आती थी
हम भी उसका इन्तजार करने लगे थे
शायद प्यार करने लगे थे।

गर्मियों में अक्सर ऐसा होता था, उसका परिवार छत पर ही सोता था
हम अपनी छत पर सोते थे, उसे देख होश में नहीं होते थे
हम सूरज निकलने से पहले ही उठ जाते थे
पर यूँ ही लेटे रहते थे, पर वो देर से उठती थी।

जब वो जग जाती थी, हमारी तरफ देख, हमेशा की तरह मुस्कुराती थी
फिर चादर आदि समेटने में हम भी, वो भी, वक्त काफी लगाते थे
नीचे से माँ की आवाज आती थी, इतनी धूप में छत पर क्या कर रहे हो
नीचे क्यों नहीं आते, पर ये सच हम, किसी को नहीं बताते।

आँखों में ही गुड मॉर्निंग कर मुस्कुराती थी
फिर धीरे धीरे पलट पलट कर देख नीचे जाती थी
उन दिनों ज़िन्दगी सुरीला साज होता था
हर सुबह का नया आगाज होता था।

वो अब स्कूल से कॉलेज में आ गयी हम भी नौकरी में नये नये आये थे
उसका बड़ा भाई अक्सर कॉलेज जाते समय उसके साथ होता था

मिलें तो कैसे मिलें, सोचकर ये मन हमारा रोता था।
वो कॉलेज साइकिल पर जाती थी, रंग बिरंगी ड्रेस पहनती थी

हमें बहुत ही भाती थी
कुछ महीने हम चुपचाप रहे, फिर एकदिन बहुत सावधानी से,
उसका पीछा किया, जो ले गयी थी हमारा जिया।
उसकी साइकिल के पास जाकर कहा, मैं समझता हूँ तुम्हें अपना यार
करता हूँ तुम्हें प्यार, क्या तुम भी प्यार करती हो मुझे?
उसने मुस्कुरा कर कहा पता नहीं, ये उससे हुई थी पहली बात
मानों हुई सावन की पहली बरसात, नींद नहीं आयी उस दिन सारी रात।

कुछ दिन ऐसे ही ये सिलसिला चला, पर उसके भाई को कुछ शक हुआ
वो हमारे घर के तरफ अक्सर देखता था
शायद समझ गया, हम उसकी बहिन को देखते हैं,
अपनी आँखें सेंकते हैं।

एक दिन उसने अपना कॉलेज जाने का टाइम हमें बता दिया
हम कॉलेज के गेट से कुछ दूर,
अपना स्कूटर पार्क करते थे, उसका इंतजार करते थे
कॉलेज के गेट पर सिक्योरिटी बहुत ही टाइट थी
अक्सर लड़कों में वहां होती फाइट थी
बहुत से लड़के वहां आते थे पास ही रुक जाते थे

एक दिन तो हो गयी हद, वादे के बाद भी वो नहीं आयी
चार घंटे हो गए थे इंजार करते करते, पूरा दिन ही निकल गया
हमारा सारा आत्म विश्वास ही पिघल गया
कॉलेज से लड़कियों के ग्रुप जा रहे थे
हमें इतनी देर वहां खड़ा देख, व्यँग से मुस्कुरा रहे थे
बहुत बुरा लगा उस दिन,
सोचा अब बात नहीं करेंगे, मुलाकात नहीं करेंगे।
अगले दिन छत से इशारे से बताया तबियत खराब थी
कॉलेज नहीं गयी, उसकी बात भी थी बिलकुल सही
अगले छह दिन तक कॉलेज नहीं आयी

हमारी आँखें भी गयीं पथराई।
फिर अगले दस दिन तक बालकनी में नहीं दिखी
मोबाइल थे नहीं उस जमाने में,

उसके घर में लैंड लाइन फोन था
पर सारा आलम शायद में मौन था
एक दो बार फोन लगया, पर उसके भाई ने उठाया
हमने तुरंत ही काट दिया।

कुछ पता नहीं चल रहा था, मन खो रहा था
शायद रो रहा था
फिर एक दिन घर के छज्जे पर अचानक दिखी
हमारे मन की जैसे कली खिली, सारी भावनाएं हिल गयीं
जैसे डूबते हुए को कुछ साँसे मिल गयीं।

एक दिन अपना सन्देश हमने एक कागज पर लिखकर
उसके घर के बगीचे में फेंक दिया
उसने उसे खोला और तुरंत ही पढ़ लिया
यह एक बहुत ही इमोशनल पत्र था
अब पॉजिटिव सिगनल्स मिलने लगे
उम्मीदों के कँवल खिलने लगे, रखते थे पूरी सावधानी
मुहल्ले में करते नहीं थे बात, होती नहीं थी मुलाकात।

एक दिन अपनी छोटी बहिन के साथ,
हमारे घर किसी काम से आयी
मैंने कहा रोज क्यों नहीं मिलती?
वो बोली ये सम्भव नहीं है यदि पापा को
पता लग जायेगा, हंगामा हो जायेगा
मेरा कॉलेज जाना बंद हो जायेगा
एक दिन मैंने कहा कहीं बाहर घूम कर आते हैं
किसी होटल में कुछ खाते हैं उसने कहा मैं कॉलेज जाऊंगी
तुम मेरे पीछे पीछे स्कूटर से आ जाओ,
साइकिल कॉलेज में रखूंगी, तुम्हारे साथ स्कूटर पर चलूंगी

हमें था बहुत जोश, पर कायम रखा अपने होश।
वो स्कूटर पर बैठ गयी, दुपट्टे से अपने मुँह छुपा लिया
ताकि कोई जान न पाए, उसे पहचान न पाये
शहर छोटा था, खतरा बड़ा था।

हम लोग एक किले पर गये, साथ बैठे, बहुत से सपने जगे
सच मानों तो पहली बार गले लगे
पहली बार बोली 'आयी लव यू'
हमें मंजिल मिल गई, दिल की बगिया खिल गयी।

वहां से एक फोटो स्टूडियो आये, कुछ फोटो साथ खिंचवाये
पहली बार बोली कुछ भी सह सकती हूँ, तुम्हारे बिना नहीं रह सकती
एक दिन उसका फोटो हमारे साथ उसकी मम्मी ने पकड़ लिया
मानों समस्याओं ने जकड़ लिया
उसका निकलना हो गया बन्द, साँसे हो गयी हमारी मन्द
खराब था वो वक्त, उस पर पहरा था सख्त।

एक दिन उसने बहुत हिम्मत दिखायी, मुझे घर के पीछे बुलायी
रिस्क तो बहुत थी, पर मैं वहां गया, प्रयोग था बिलकुल नया
वो बोली, सुना है शहर छोड़ रहे हो, मुँह मोड़ रहे हो
क्या ये नाता तोड़ रहे हो?
उसके चेहरे पर थी मायूसी, आँखों में अश्रुओं की स्याही।

मैंने कहा ये सच है, मैं जा रहा हूँ, बहुत सी यादें ले जा रहा हूँ
ऐसा लगा ईश्वर भी रूठ गया, जल्दी ही उसका शहर छूट गया
कुछ समय फोन पर हुई बात, बंद हो गयीं मुलाकात
दो साल बाद उसकी शादी हो गयी, किसी ने बताया
मन ही मन सोचा, बहुत याद आओगी
इन आंसुओं में सदा मुस्कुराओगी

आज भी उसे ढूंढ रहा हूँ, बिना पते के
नीलगगन के तले, शायद कभी तो मिले।

राधा कृष्ण सम्वाद
(पौराणिक आख्यानों एवम् श्रुति कथाओं पर आधारित)

अचानक एक दिन स्वर्ग में
राधाकृष्णा की हुई मुलाकात
कृष्णा सकपकाए
राधा मुस्करायीं, फिर हुई कुछ बात

राधा बोलीं कैसे हो द्वारिकाधीश
नवाती है सारी दुनियाँ तुम्हें शीश
कृष्ण विचलित से थे राधा प्रसन्न
राधा के सम्बोधन से रह गए सन्न
कृष्ण बोले तुमने तो मुझे बहुत माना है
कान्हा के नाम से जाना है
आओ कुछ क्षण साथ रहते हैं,
कुछ बात करते हैं, पुराने पल याद करते हैं

बोले कृष्ण, जब भी तुम्हारी याद आयी
आँख में आंसू आये
विरह के गीत हमने गाये
राधा बोली, तुम्हें खोया ही कब था जो पाते
भूले ही कहाँ तुमको थे, जो आँख में आंसू आते
आँखों में रहते थे सदा
आँसुओं में शायद निकल जाते

राधा बोली, प्रेम से अलग हो तुमने
क्या क्या खोया है कृष्ण मैं बताती हूँ
कुछ कड़वे सच सुनाती हूँ
करने लगी विनाश वो ऊँगली
जिस पर सुदर्शन चक्र था
तुम्हें जिस पर बहुत फक्र था

वही ऊँगली गोवर्धन उठाती थी
गोकुलवासियों की दीया और बाती थी
आपदाओं में सबकी साथी थी
नये नये रंग दिखाने लगी
विनाश के काम आने लगी

एक ऊँगली पर चले सुदर्शन चक्र से
कितने ही धूल हो गये
तुम दस उँगलियों पर चलने वाली
बांसुरी को भी भूल गये

कृष्ण शुरू की थी ज़िन्दगी तुमने
यमुना के मीठे मीठे पानी से
पहुँच गये द्वारिका तक, समुद्र के खारे पानी तक
कान्हा और द्वारिकाधीश में बहुत फर्क है
कान्हा होते तो तुम सुदामा के घर जाते
सुदामा तुम्हारे घर नहीं आता
अपने घर बैठ कर ही धन धन्य पाता।

युद्ध और प्रेम में बहुत अन्तर है
युद्ध में आप मिटाकर जीत जाते हैं
प्रेम में आप मिटकर जीत जाते हैं
प्रेम में डूबा हुआ, दुखी हो सकता है
दुःख किसी को नहीं देता है
दूसरों की डूबती हुई नाव
को स्वयं ही खेता है

सौंपदी अपनी पूरी सेना कौरवों को आपने
खुद को पाण्डवों के साथ कर लिया
ठीक है सच्चाई का साथ दिया
पर राजा तो होता है प्रजा का पालक
प्रजा होती है बालक

आप जैसा ज्ञानी जिस रथ को चला रहा था
पर अर्जुन आप की ही प्रजा को मार रहा था
मरती हुई अपनी प्रजा के प्रति
आपमें करुणा नहीं जागी।

आज भी धरती पर आप अपनी
द्वारिकाधीश वाली छवि, ढूँढते रह जायेंगे
हर मंदिर में मेरे साथ ही, खड़े नजर आएंगे

लोग आज भी गीता के ज्ञान की बात करते हैं
जीवित रहेगी गीता सदा लोग तो रोज ही मरते हैं
पृथ्वी पर आज भी सब द्वारिकाधीश पर नहीं
कान्हा पर भरोसा करते हैं
आपके ही लिए जीते, आपके ही लिए मरते हैं
हो हृदय में जिनके आपका वास
वो कभी नहीं डरते हैं

गीता में दूर दूर तक ना मेरा जिक्र है ना मेरा नाम
पर आज भी उसके समापन पर
कहते हैं सब राधे राधे, छोड़कर सब काम।

प्यार का संदेश

दोस्ती बहार उल्फत, दिल का प्यार लाये हैं
पत्थरों के शहरों में, हम बहार लाये हैं

एक पूरी दुनियाँ है, मदभरी निगाहों में
रंगे नूर शीशे में, हम उतार लायें हैं

नफरतों के खंडहर में, इक शमा सलामत है
हम दीयों की बाती, में अपना प्यार लाये हैं

बेजुबान अश्कों की, दुःखभरी कहानी से
कहकहों की गज़लों को, हम सँवार लाये हैं

गर्दिशों के आलम में, टूटे हुए ख्वाबों से
ज़िन्दगी का नगमा हम, फिर निखार लाएं हैं।

www.ingramcontent.com/pod-product-compliance
Lightning Source LLC
LaVergne TN
LVHW041335200726
843509LV00009B/731